Discurso del Servitude Voluntari

Etienne de La Boetie

Sequite del texto

Del Amicitate

de

Michel de Montaigne

Traductor:

Cacildo Marques

ISBN: **979-8616149473**

Copertura: Pictura de Etienne de La Boetie

Episteme Ed

Marques, Cacildo
Discurso del Servitude Voluntari./ Etienne de La Boetie, traduction de
Cacildo Marques. Maryland, 2020.

74p.
ISBN: **979-8616149473**

1. Derectos Politic e Civil. I. Titulo

DDC 323

Discurso del Servitude Voluntari

Cacildo Marques

TABULA DEL MATERIAS

Le importantia del opera de La Boetie

Le texto de Etienne de La Boetie, Discurso del Servitude Voluntari, es excessivemente revolutionari pro su tempore. Si non esseva Montaigne, su vetule amico, divulgar e defender su opera, forsan su versos poteva transversar le seculos, sed su scriptos politic-philosophic difficilemente arrivarea usque nos, per manco de individuos sufficientemente perspicace in su tempore pro comprender le immense valor de tal production.

Montaigne dice, como tu, lector, constatara, que su amico La Boetie rejectava qualcunque typo de movimento politic, includente certemente le revolutiones, proque ille esseva citatano complitor del leges de su pais. Su anima esseva in le passato, con le grande philosophos classic, Montagne dice, mais su perspectiva politic, nos dicera, es in le tertie millennio. E quando nos dice que su ideas es revolutionari, tal adjective veni in le acception de cosa altemente transformative, non in le significato vulgar de tumulto.

De facto, si le juventute in le paises importante cognosceva ben le ideas de La Boetie, le subversion dictatorial de Mussolini, Stalin, Hitler e Franco, in le seculo XX, non haberea occurrite.

Su predica basic es de que nos non debe acceptar le tyrannia, e iste habe como programa rejectar le figura del senior. Actualmente ille scriberea, quasi certemente, que lo que nos debe rebatter es le commandante perpetue, habente scientia de que, in regimes democratic, libere de demagogias – e nos non debe ni soniar con alteres -, quanto minor es le periodo del mandato del governante, plus salubre es le libertate civil in le sino del societate. Obviemente, il deve haber un tempore minime de garantia pro que le capite supreme compli su labor, facto ante le qual alicun paises stipula mandato de un anno, alteres de duo annos, alteres de quatro, alteres de cinque. Un populo cuje commandante major habe periodo plus grande que iste es gente infelice, mesmo que imagina le contrario. Vamos intender que duo annos, forsan un anno, es le tempore ideal, e sin reelection.

Si, La Boetie nihil dice super iste periodos, mais ille esseva in le seculo XVI, e le Republica parlamentari, per exemplo, venirea a esser inventate solmente in 1870.

La Boetie nasceva in 1530 e scribeva le Discurso del Servitude Voluntari quando contava 18 annos, in 1548. Ille moriva in 1563, pauc ante de completar 33 annos de etate. Per profession ille esseva magistrato, habente exercite su posto in Bordeaux.

Iste libro apporta le Discurso, de La Boetie, e anque le texto "Del amicitate", scripto per Montaigne depost del morte de su juvene amico e includite in le volumine Essayos, como capitulo 28.

Cacildo Marques, februario, 2020.

Discurso del Servitude Voluntari

Discurso del Servitude Voluntari

Etienne de La Boetie

Sequite de

Del Amicitate

Michel de Montaigne

"Il non es bon haber multe seniores; non vamos haber plus que un unic. Que un sol sia le senior, que un sol sia le rege."

Ecce lo que declara Ulysses in publico, secundo Homero.

Si ille habeva dicto: "Non es bon haber multe seniores", iste haberea essite sufficiente. Mais in loco de deducer que le domination de multe non pote esser bon, un vice que le poter de un sol, si tosto ille prende le titulo de senior, es dur e irrational, ille additiona le contrari: "Non vamos haber plus que un unic senior..."

Forsan il es necessari excusar Ulysses de haber mantenite iste parola, que ille tunc usava pro calmar le agitation del armea: io credo que ille adaptava su discurso al circumstantias e non al veritate.

Mais, reflectente ben, es un infortuna extreme esser subjecte a un senior de cuje bonitate non on pote jammais esser certe, e qui sempre habe le poter de esser mal quando vole. Quanto a obedir a multe seniores, iste es esser multe veces extrememente infelice.

Io non vole debatter hic le question tante veces rememorate, a saper, "si altere species de republica es melior que le monarchia". Si io habeva de debatter lo, ante de cercar que position le monarchia deberea occupar in medio a le varie modos de governar le cosa public, io demandarea si nos deberea mesmo le conceder alicun, perque es difficile creder que existe alique de public in iste governamento ubi tote es solmente de un. Mais vamos lassar pro un altere tempore iste question que ben mererea un tractato al parte, lo que provocarea tote le disputas politic.

Pro le momento, io gustarea solmente de comprender como es possibile que tante homines, tante citates, tante villas e tante nationes appoia a veces un unic tyranno qui non habe poter foras de lo que le personas le da, qui habe le poter de nocer les solmente proque illas le accepta, e que on poterea causar les nulle mal si illas prefereva suffrer tote de ille in loco de contradicer le.

Cosa vermente surprendente — e nonobstante si commun que on deberea plus deplorar que surprender se -, es vider un million de homines in miserabile sclavitude, con le capite sub jugo, non per esser obligate pro un fortia major, sed proque illes es fascinate e, pro assi dicer, infatuate pro le simple nomine de un persona, qui illes non deberea timer — jam que ille es solitari — ni amar — jam que ille es, ante omnes, inhuman e cruel. Tal es, nonobstante, le debilitate del homines: fortiate al obedientia, obligate a temporisar, illes non pote esser sempre le plus forte. Si, tunc, un nation, obligate pro le fortia del armas, es submittite al poter de un sol — como le citate de Athenas esseva infra le poter del trenta tyrannos —, non es de surprender se que ille serve, mais ben de deplorar. O, melior, ni surprender ni reclamar, mais supportar le disgratia con patientia, e reservar se pro un futuro melior.

Nos somos facite de modo que le deberes commun del amicitate absorbe un bon parte de nostre vita. Il es rationabile amar le virtute, valorisar le bon actiones, esser grate pro le beneficios recipite, e sovente reducer nostre proprie ben-esser pro augmentar le honor e le avantage de illes que on ama, et qui mere esser amate. Si, tunc, le habitantes de un pais trova in le medio de illes un de illos homines rar qui dava les provas de un grande previdentia pro salveguardar les, con grande corage pro defender les, con grande prudentia pro governar les; si in longe termino illes se habitua a obedir le e a fider se a ille pro dar le un certe suprematia, io non sape si esserea sensate remover le de ubi ille esseva ben pro locar le ubi ille potera facer mal; il pare, in effecto, natural haber bonitate pro qui habe nos cercate le ben, e non timer de ille le mal.

Mais, oh grande Deo, que es isto? Como nos denominara iste infortuna? Que es iste vitio, iste vitio horribile, de vider un numero infinite de homines, non solmente pro obedir, mais pro servir, non pro esser governate, mais pro esser tyrannisate, sin benes, ni parentes, ni infantes, ni mesmo un vita que sia lore? De vider les suffrer le rapinas, le piliages, le cruelitates, non de un armea, non de un campo barbare contra le qual totes deberea defender su sanguine e su vita, mais de un unic homine! Non de un Hercules o de un Samson, mais de un homunculo, sovente le plus coarde, le plus effeminate del nation, qui jammais olfaceva le pulvere del battalias ni calcava le arena del torneos, qui non es solmente inapte pro commandar le homines, mais mesmo pro satisfacer le minor del feminas!

Nos dara nomine a iste coardia? Nos nominara illos homines como submisse e coarde? Si duo, si tres, si quatro cede a un sol, il es estranie, mais totevia possibile; on poterea forsan dicer con ration: es falta de corde. Mais si cento, si mille suffre le oppression de un sol, illes ancora dicera que illes non osara attaccar le, o que illes non lo vole, e que illo non es coardia, mais ben minusprecio o disdigno?

In fin, si nos non vide cento, ni mille homines, mais cento paises, mille citates, un million de homines a non aggreder illo que les tracta a totes como servos e sclavos, como nos qualificara iste? Il es coardia? Mais totes le vitios habe limites que illes non pote ultrapassar. Duo homines, e mesmo dece, pote multe ben timer un; mais que mille, un million, mille citates non se defende contra un sol homine, iste non es coardia: ille non vade si longe, assi como le braveria non exige que un sol homine scande un fortalessa, attacca un armea, conquire un regno. Qual vitio monstruose es tunc iste, que non mere ni mesmo le titulo de coardia, que non trova un nomine sufficientemente fede, que le natura disapproba e que le lingua refusa a nominar?

Que illes se confronta face a face con cinquanta mille homines en armas; que illes es rangiate in battalia, que illes es battite; unes, libere, combatte pro lor libertate, alteres combatte pro violar le. A quales tu promitte le victoria? Quales essera le plus coragiose in combatto: illos qui spera recompensa per le mantenimento de lor libertate, o illos qui spera salarios per le colpos que da e recipe in le servitude de alteres? Unes habe ante lor oculos le felicitate de lor vitas passate e le sperantia de un ben-esser equal pro le futuro. Illes pensa minus in lo que illes supporta in le battalia que in lo que illes supporta, abatte, illes, lor filios e tote lor posteritate. Alteres habe solmente un parve filo de aviditate, que se infarina contra le periculo, e cuje ardor se extingue in le sanguine de lor prime ferimento.

Le si celebre battalias de Miltiades, de Leonidas, de Themistocles, que habe duo mille annos e vive totevia si fresc in le memoria de libros e homines, como si habeva essite pugnate heri, in Grecia, pro le ben del grecos e pro exemplo del mundo integre, lo que dava a un ben parve numero de grecos, non le poter, mais le corage de resister al fortia de tante naves que le proprie mar esseva transbordante, de conquirer nationes si numerose que totes le soldatos grecos, reunite, non haberea fornite capitanos al armeas inimic? In illes dies gloriose, contava minus le battalia del grecos contra le persas que le victoria del libertate super le domination, del liberation super le aviditate.

Vermente extraordinari es le reportos del braveria que le libertate pone in le corde de illos qui le defende! Mais lo que occurre, tote die e in tote loco: que un unic homine opprime cento mille e les priva de lor libertate, qui lo poterea crede, si solmente lo audiva e non lo videva? E si iste occurreva solmente in paises estranier, in terras distante, e alicuno diceva nos, qui crederea in iste reporto purmente inventate?

Ora, a iste tyranno sol non es necessari combatter le, ni abatter le. Ille es abattite per si mesme, providite que le pais non accepta submitter se a su servitude. Il non se tracta de tirar le alicun cosa, mais de non le dar nihil. Non es necessari que le pais se pone in sacrificio pro facer alicun cosa pro se mesme, providite que il non face nihil contra si. Il es tunc le populos que se lassa per se mesme, o melior, que se face mal, un vice que essera libere pro cessar de servir. Il es le populo mesme que se sclavisa e que inseca le gorga; qui, potente optar pro esser submisse o esser libere, rejecta le libertate e accepta le jugo? qui concorda con su mal, o melior, qui lo cerca... Si le costava alicun cosa recoperir su libertate, io non le premera; mesmo que iste que ille debe haber plus in le corde sia reprender su derectos natural e, pro assi dicer, facer le bestia tornar se homine. Mais io non spera mesmo de ille un si grande audacia; io admitte que ille ama plus non se sape que securitate de viver miserabilemente que un sperantia dubitose de viver como ille prefere.

Mais qual! Si pro haber le libertate il es sufficiente desiderar le, si non es necessari solmente pro un simple voluntate, on trovara un nation in le mundo que crede esser pagante foras del conto pro satisfacer un simple desiderio? E qui se regrettarea del voluntate de recoperir un ben que se deberea reprender a costo de sanguine, e cuje perdita renderea a tote homine de honor un vita amar e un morte benefic?

Certemente, assi como le foco de un parve scintilla cresce e se reinfortia multo, e plus il trova ligno pro comburer, plus il le devora, mais il se consume e fini pro extinguer se per se mesme quando on cessa de alimentar le, assi mesmo, plus le tyrannos pilia, plus illes exige; plus illes ruina e destrue, plus ubi illes es fornite, plus on les serve. Illes se reinfortia multo, sempre con plus vitalitate pro tote annihilar e tote destruer. Mais si on non les forni nihil, si on non les obedi, sin les combatter, sin les colpar, illes fini nude e vincite e non es plus nihil, assi como le ramo, que non habente plus succo ni alimento in su radice, torna se sic e mori.

Pro acquirer le ben que desira, le homine coragiose non habe timor de nulle periculo, le homine sage non se lassa abatter per nulle dolor. Solmente le coardes e le torpites non sape supportar le mal, ni recoperir le ben que illes se limita a concupiscer. Lor energia de pretender alique es incantate con lor proprie coardia; lo que les resta es le desiderio natural de posseder le. Iste desiderio, iste voluntate commun del sagio e del imprudente, del coragiose e del coarde, face les desiderar totes le cosas cuje possession les tornarea felice e satisfacte. Il ha solmente un unic ben que le homines, io non sape proque, non habe le fortia de desiderar: il es le libertate, ben si grande e si dulce! Si tosto ille es perdite, tote le males superveni, e sin ille tote le altere benes, corrumpite per le servitude, perde integralmente lor gusto e lor sapor.

Le libertate, le homines le disdigna unicamente, il sembla, proque si illes le desiderava, illes le haberea; il es como si illes se refusava de facer iste preciose acquisition proque illo es multo facile.

Paupere gentes miserabile, populos insensate, nationes obstinate per vostre mal e cec a vostre ben! Vos lassa remover de sub vostre oculos le plus belle e le plus clar de vostre renta, vos lassa piliar vostre campos, robar e disfoliar vostre domos del vetule mobiles de vostre parentes ancestral! Vos vive de tal sorte que nihil es plus vostre. Il sembla que vos vide de ora avante que il es un grande felicitate que ille vos lassa solmente le medietate de vostre benes, de vostre familias, de vostre vitas. E tote iste damno, iste infortuna, iste ruina, non vos veni de inimicos, mais certemente del inimico, de iste mesmo que vos habe facite lo que ille es, de iste per qui vos vade si coragiosemente al guerra, e pro cuje grandiositate vos non refusa de vos offerer al morte. Iste senior, comocunque, non habe plus que duo oculos, duo manos, un corpore, e nihil plus que non lo habe le ultime del habitantes del immense numero de nostre citates. Lo que ille habe de plus es le medio que vos le provide pro vos destruer. De ubi ille tira totes illos oculos que vos spiona si non es de vos mesme? Como ille habe tante manos pro vos colpar si vos non les presta? Le pedes con que ille fulla vostre citates non es etiam le vostre pedes? Ille habe alicun poter super vos que non sia de vos mesme? Como ille osara assaltar vos se ille non esseva in intendimento con vos? Que mal poterea ille facer vos si vos non esseva le collector del robator que vos pilia, le complices del assassino que vos occide e le traitores de vos mesme?

Vos semina vostre campos pro que ille le devasta, vos mobila e supple vostre domos pro provider su piliages, vos crea vostre filias pro que ille pote satiar su luxuria, vos nutri vostre infantes pro que, in le melior del casos, ille face les soldatos, pro que ille les leva al guerra, al macelleria, pro tornar les ministros de su concupiscentias e executores de su vengiantias.

Vos usa le dolor pro que ille pote sanar se in su delicias e liberar se in su immunde placeres. Vos torna vos fragile pro que ille sia plus forte, e que vos mantene le aletta rudemente plus curte. De tante indignitates que le bestias mesme non supportarea si illes le sentiva, vos poterea liberar vos si vos tentava, e mesmo que non liberar vos, solmente pro voler le.

Que sia vos resolute a non plus servir, e vos essera libere. Io non vos demanda de eveller le, de succuter, mais solmente de non plus sustener le, e vos le videra tal qual un grande colosso de qui on habe abrumpite le base, dissolvente se sub su proprie peso e rumpente se.

Le medicos consilia justemente a non cercar sanar le ferimentos incurabile, e pote esser que io sia incorrecte in voler exhortar un populo que sembla haber perdite depost de longe tempore tote le cognoscimento de su mal — le sufficiente pro monstrar que su maladia es mortal. Vamos tunc cercar comprender, si possibile, como iste voluntate obstinate de servir se habe radicate si profundemente que on crederea que le proprie amor per le libertate non es natural.

Il es foras de dubita, io crede, que si nos viveva con le directos que nos habe del natura e de accordo con le preceptos que ille nos insenia, nos esserea naturalmente submisse a nostre parentes, subjectos del ration, sin esser sclavos de necuno. Cata uno de nos recognosce in si, naturalmente, le impulso del obedientia a patre e matre.

Quanto a saper si la ration in nos es innate o non — question debattite amplemente per le academias e agitate per tote le schola del philosophos -, io non pensa esser errate al dicer que ha in nostre anima un germine natural del ration, que, disveloppate per bon consilios e bon exemplos, semine prospera in virtute, mais que sovente aborta, suffocate per le vitios que le superveni. Lo que es clar e evidente, que necuno pote ignorar, es que le natura, ministro de Deo, governante del homines, creava totes nos e fundeva nos, de alicun modo, in le mesme modulo, pro monstrar nos que nos somos totes equal, o melior, fratres. E si, in le partition que ille faceva de su donos, ille dissipava alicun avantages de corpore o de spirito a unos plus que a alteres, ille non voleva, nonobstante, poner nos in iste mundo como supra un campo de battalia, e non habe inviate hic le plus fortes o le plus habile como brigadas armate in un foreste pro maltractar les plus fragile.

Vamos creder que pro plus que ille faceva unos major, alteres minor, ille habe volite facer nascer un affection fraternal e poner nos in le mesme position de practicar le, un vice que alicun personas habe le poter de adjutar alteres, durante que alteres habe necessitate de reciper le adjuta. Tunc, un vice que iste bon matre habe date le terre pro resider; jam que ille habe nos albergate in le mesme domo; jam que nos totes traina super le mesme modello tal que cata uno pote ocular se e quasi recognoscer se unos in le alteres como in un speculo; jam que ille dava nos a totes iste belle presente del voce e del parola pro que melior nos pote nos cognoscer, retrovar e fraternisar, e pro que on produce, per le communication e le cambio de nostre pensamentos, le communion de nostre voluntates; jam que ille habe cercate de totes le modos facer e acordonar le ligamine de nostre alliantia, de nostre societate; jam que ille habe monstrate in tote le cosas que ille non vole nos solmente unite, mais como un unic esser... como dubitar tunc que nos somos totes naturalmente libere, un vice que nos somos totes equal? Il non pote entrar in le spirito de necuno que le natura habe ponite alicun in servitude, un vice que ille a totes poneva in companion.

A dicer le veritate, il es ben inutile voler saper si le libertate es natural, jam que on non pote mantener un esser in servitude sin committer error: il non ha nihil in le mundo plus contrari al natura, tote rationabile, que le injustitia. Le libertate es, tunc, natural. Pro iste es que, a mi vider, nos non solmente nasce con ille, mais anque con le passion de defender le.

E si per aventura il ha qui totevia dubita — bastarde al puncto de non recognoscer su donos ni su passiones native -, il es necessari que io le face le honor que ille mere e que io eleva, pro assi dicer, le bestias brute in le pulpito, pro le inseniar super su natura e su condition. Le animales, que Deo me adjuta, si le homines vole ben audir les, illes crita: "Vive la libertate!" Multe inter illes mori immediatemente quando capturate. Tal como le pisce qui perde le vita assi que es tirate de le aqua, illes se lassa morir pro non superviver a su libertate natural. Si le animales habeva preeminentia inter si, illes facerea de iste libertate su nobilitate. Altere bestias, del plus grandes al plus parve, quando es prendite, resiste si fortemente con ungulas, cornos, beccos e pedes que illes sufficientemente demonstra que precio illes concede al que illes perde. Un vice arrestate, illes nos da tanto signos flagrante del cognoscimento de lor infortuna que es belle vider les languer in vice de viver, e gemer super lor felicitate perdite in vice de render se al servitude. Que plus vole le elephante dicer quando, essente a defender se usque le fin, sin plus sperantia, a puncto de esser capturate, ille pulsa su maxillas e rumpe su dentes contra le arbores, sinon que su grande desiderio de mantener se libere le da le spirito e le aviso de negotiar con le chassatores: a vider si ille potera pagar per le precio de su dentes e si su eboree, lassate per redemption, salvara su libertate?

Nos agrada le cavallo desde su nascimento pro habituar le a servir. Nostre caressas non le impedi de morder su freno, de accurrer sub le fuste quando nos vole domar le. Ille vole testimoniar con iste, il me sembla, que ille non age per su voluntate, mais ben per nostre pression. Que dicer plus?

"Mesmo le boves, sub le jugo, lamenta, e le parve aves, in le cavia, reclama". Io jam diceva iste ante in verso...

Assi, un vice que tote esser providite de sentimento senti le infelicitate del subjection e curre post le libertate; un vice que le bestias, mesmo quando facite al servicio del homine, solmente pote submitter se depost de protestar con un desiderio contrari, que infortuna poterea haber disnaturate le homine — unic que vermente nasceva pro viver libere — al puncto de facer le perder le memoria de su prime stato e le desiderio de recoperir le?

Il ha tres species de tyrannos.

Unos regna per election popular, alteres per le fortia del armas, e le ultime, per succession de sanguine.

illo qui acquireva le poter per le directo del guerra comporta se de accordo con tal — nos le cognosce e le dice forte justemente como in un pais conquirite. Illos qui nasce reges, in general, difficilemente es melior. Nascite e nutrite in le sino del tyrannia, illes suge con le lacte le naturalitate del tyranno e considera le populos qui les es subjecto como lor servos hereditari. Conforme lor inclination dominante — avide o prodige —, illes usa le regno como lor heredes.

Quanto a illo qui detene su poter desde le populo, il sembla que ille deberea esser plus supportabile; il lo esserea, io crede, si desde que ille se vide elevate supra totes le alteres, flattate per, on non sape qual motivo, on appella grandor, ille decideva non plus mover se per iste. Nonobstante, ille quasi sempre considera le poter que le populo le ha legate como alique que debe esser transmittite a su filios. Ora, desde que ille incorpora iste opinion, il es estranie vider como ille supera in tote specie de vitios, e mesmo in cruelitates, totes le altere tyrannos. Ille non trova melior medio pro assecurar su nove tyrannia sinon reinfortiar le servitude e congedar multe ben le ideas de libertate de spirito de su subjectos que, per recente que sia le memoria, il tosto dispare de su mente. Pro dicer le veritate, io vide ben inter iste tyrannos alicun differentias, mais, qualitativemente, io non les vide: proque se illes arriva al throno per medios diverse, lor modo de regnar es sempre le mesme. Illos qui es electe per le populo le tracta como un tauro a domar; le conquisitores, como lor prisa; le successores, como un truppa de sclavos qui les pertine per natura.

Io ponera iste question: si per aventura hodie gentes nove nasceva, ni accostumate al subjection, ni attrahite pro le libertate, ignorante inclusive le nomine de un e de altere, e a qui on propone esser subjecte o viver libere, qual essera lor option? Sin nulle dubita, illes preferera in multo obedir al unic ration que servir un homine, excepte si illes es como le gentes de Israel qui, sin necessitate ni compulsion, dava se un tyranno. Io jammais legeva lor historia sin sentir un rancor extreme que quasi pulsa me a esser inhuman, usque allegrar me con tote le males que les adveniva. Post, pro que le homines, tanto quanto illes es homines, se lassa subjectar, un de duo cosas es necessari: o que illes es obligate, o que illes es illudite, i. e., fortiate per le armas estranie como esseva Sparta e Athenas per illos de Alexander, o decipite per le factiones como esseva le governamento de Athenas, cadite ante sub le manos de Pisistrato.

Illes sovente perde lor libertate al esser decipite, mais illes es minus sovente seducite per le alteres que illudente a si mesme. Assi le populo de Syracusa, capital del Sicilia, premite per le guerras, pensante solmente in le periculos del momento, eligite Dionysio I e dava le le commando del armea. Illes non prestava attention al facto de que ille esseva facite anque si potente que quando iste infelice homine, retornante victoriose como si ille habeva vincite su citatanos in vice de su inimicos, ille tornava se prime capitano, depost rege, e, de rege, tyranno. Il es incredibile vider como le populo, desde que ille es submittite, cade rapidemente in un si profundo oblido de su libertate que es impossibile eveliar se pro reconquirer le: ille serve si ben, e con tante voluntate, que on dicera al vider le que ille non solmente perdeva su libertate, mais ben ganiava su servitude.

Il es veritate que, in le initio, on serve obligate e vincite per le fortia; mais le successores serve sin lamentar e face voluntarimente ille que lor predecessores faceva per constriction. Le homines nascite sub le jugo, depost nutrite e create in servitude, sin vider plus avante, contente se in viver como nasce e non pensa haber altere benes ni altere directos que illos que illes trovava; illes prende pro lor stato de natura le stato de lor nascimento.

Nonobstante, il non ha herede, mesmo que prodige o indifferente, qui non pone un die le oculos supra le registros de su patre pro vider si usufrue tote le directos de su succession e si non ha nihil contra ille o contra su predecessor. Mais le habitude, que exerce in tote le ambitos un si grande poter supra nos, habe supertoto nostre deber de servir e, como on reporta super Mithridates, que finiva pro habituar se al veneno, insenia nos a inglutir le veneno del servitude sine trovar le amar. Sin dubita, le natura nos dirige pro ubi ille vole, per ben o per mal, mais nos habe de recognoscer que ille habe minus poter super nos que le habitude. Per bon que sia le natural, ille se perde si ille non es mantenite, e le habitude nos forma sempre al su modo, in despecto del natura. Le semines del ben que le natura pone in nos es si parve, si fragile, que illes non pote resister al minor choc de un habitude contrari. illes se mantene minus facilemente que se destrue, e mesmo degenera, como illes arbores fructuose que conserva le characteres de lor specie tanto quanto on lassa le venir, mais que les perde pro producer fructos differentes del lore, secundo le modo como nos les transplanta.

Le herbas anque habe alicun proprietate lore, lor naturalitate, lor singularitate; intertanto, le duration, le intemperies, le solo o le mano del jardinero augmenta o diminue in multo lor virtutes. Le plantas que es vidite in un pais non es sovente plus recognoscibile in altere.

Alicuno que videva le venetianos, un pugnata de gentes vivente si liberemente que le plus miserabile inter illes non volerea esser rege, nascite e create de modo que illes non cognosceva altere ambition que non ille de mantener pro le melior lor libertate, educate e trainate desde le cuna, de tal sorte que illes non cambiava un pauc de lor libertate per tote le altere felicitates del Terra... Alicuno, io dice, qui videva illas personas illac, e qui esseva tunc sub le dominio de alicun "grande senior", trovante gentes qui nasceva solmente pro servir le e qui abandona lor proprie vita pro mantener su poter, esque ille pensarea que le duo populos es de mesme natura? O non crederea al contrari que, lassante un citate de homines, esseva entrante in un parco de bestias?

On reporta que Lycurgo, le legislator de Sparta, habeva create duo canes, tote duo fratres, tote duo alimentate con le mesme lacte. Un esseva ingrassiate in le cocina, le altere esseva habituate a currer per le campos al son del trompa e del cornetta. Volante monstrar al Lacedemonios que le homines es lo que le cultura habe facite de illes, ille exponeva le duo canes in le placia public e poneva inter illes un suppa e un lepore. Un curreva al platto, le altere al lepore. E, nonobstante, ille diceva, illes es fratres!

Iste homine, con su leges e su arte politic, habe educate e formate si ben le Lacedemonios que cata uno de illes prefereva suffrer mille mortes que submitter se a un altere senior que non le lege e le ration.

Io habe le placer de rememorar hic un anecdota concernente a un del favoritos de Xerxes, grande rege de

Perse, e duo spartanos. Quando Xerxes faceva su preparativos de guerra pro conquirer tote le Grecia ille inviava su ambassadores a plure citates del pais pro demandar aqua e terra — assi il esseva le modo como le persas convocava le citates pro render se. ille se guardava ben de inviar homines a Sparta o Athenas un vice que le spartanos e le athenianos, al quales su patre Dario les habeva inviate ante, les habeva lanceate, unos in le fossa, alteres in le puteo, dicente: "Vade, prende aqua e terra, e leva les a vostre prince". Illes gentes non poteva submitter se a que, mesmo con le minor parola, on attentava contra lor libertate. Le spartanos recognosceva que, per ager de tal modo, illes habeva offendite le divinitates, e supertoto Talthybio, le deo del heraldos. illes resolveva tunc, pro les placar, inviar a Xerxes duo de lor citatanos, de tal modo que, tirante les de lor posto, ille poteva vindicar se de illes per le assassinato del ambassadores de su patre.

Tunc duo spartanos, un nominate Sperthias e le altere Bulis, offereva se como victimas voluntari, e partiva. Quando illes arrivava al palatio de un persa nominate Hydarno, locotenente del rege pro tote le citates de Asia que esseva al ripa del mar, iste receptava les multo honorabilemente, faceva de illes multo car e, con un filo in le agulia, demandava les proque illes rejectava si fortemente le amicitate del rege. "Le spartanos", ille diceva, "vide, per mi exemplo, como le rege sape honorar illos que lo mere. Crede que si vos esseva a su servicio e ille vos cognosceva, vos duo esserea governatores de alicun citate greca". Le lacedemonios respondeva: "In iste, Hydarno, tu non poterea dar nos un bon consilio; post, ben que tu experiva le felicitate que tu nos promitte, tu ignora integralmente ille que nos usufrue. Tu habe provate le favor del rege, mais tu non sape qual sapor deliciose le libertate habe. Ora, si tu le habeva degustate, tu nos consiliarea defender le, non solmente con le lancea e le scuto, mais anque con ungulas e dentes". Solmente le spartanos diceva le veritate, mais cata uno parlava hic secundo le education que habeva recipite. Post il esseva si impossibile al persa lamentar le libertate que ille jammais usufrueva como il esseva para le lacedemonios, qui le habeva saporate, supportar le sclavitude.

Caton de Utica, ancora infante e sub le dominio de su maestro, vadeva sovente vider le dictator Sylla, a cuje domo ille habeva accesso, tanto pro causa del position de su familia quanto pro su ligamines de parentato. In illas visitas, ille esseva sempre accompaniate de su preceptor, como esseva le costume in Roma con le filios del nobiles. Certe die ille videva que in le proprie residentia de Sylla, in su presentia o per su commando, on imprisionava unos, on condemnava alteres; un esseva bannite, altere strangulate. De un citatano on demandava le confiscation del benes, e de altere, su capite. In summa, tote se passava non como con un magistrato del citate, mais como con un tyranno del populo; il esseva minus le sanctuario del justitia que un caverna de tyrannia. Iste juvene garson diceva a su preceptor: "Que tal vos dar me un pugnal? Io le occultara sub mi veste. Io entra sovente in le dormitorio de Sylla ante que ille velia... Io habe le bracio sufficientemente forte pro liberar le citate". Ecce vermente le parola de un Caton. Iste initio de un vita esseva digne de su morte. Dice le nomine e le pais, reporta solmente le facto tal qual il es: il parla per se mesme. On dicera rapidemente: "Iste infante esseva romana, nascite in Roma, quando ille esseva libere".

Proque io dice iste? Certemente io non pretende que le pais e le terra non face nihil, post in tote parte e in tote loco le sclavitude es amar al homines e le libertate les es car. Mais il me sembla que on debe haber pietate de illes qui, al nascer, jam se trova sub le jugo, que on debe les excusar o pardonar si, mesmo non habente vidite le umbra del libertate, e non habente audite parlar super ille, illes non sente le infelicitate de esser sclaves. Si il ha pais, como Homero dice supra le terra del cimerianos, ubi le Sol se monstra multo differente del nostre, ubi depost de illuminar les durante sex menses consecutive, il les lassa in le obscuritate durante le sex altere menses, il es de admirar que illes qui nasceva durante iste longe nocte, si nunquam audiva parlar del claritate ni jammais videva le die, se accostuma con le tenebras ubi illes nasceva sin desiderar le lumine?

On non lamenta jammais supra ille que jammais on habeva. Le dolor veni solmente depost del placer e sempre, ante le cognoscimento del infortuna, on juncte le memoria de alicun gaudio passate. Le natura del homine es esser libere e voler esser lo, mais il prende facilemente altere direction quando le education dar le iste.

Lassa nos dicer que, si tote le cosas torna se natural al homine quando ille se habitua, sol resta con su natura illo qui desidera solmente le cosas simple e non alterate. Tunc, le prime ration pro le servitude voluntari es le habito. Ecce lo que occurre al plus braves cavallos, que de initio morde lor freno, e depost jocula con il, que, resistente usque pauc tempore sub le sella, presente se ora sub le cingula e, tote orgoliose, ingagia se sub le armatura.

Alicunos dice que ille sempre esseva subjecte, que su patres viveva assi. illes pensa que ille es obligate a supportar le mal, persuade se de iste via exemplos e consolida, per le tempore passate, le possession per parte de illos qui les tyrannisa.

Mais, in veritate, le annos non da jammais le directo de facer mal. Al contrario, illes augmenta le injuria. Il ha sempre alicunos, melior nascite que le alteres, qui sente le peso del jugo e non pote guardar se de succuter se, qui non se accostuma jammais al subjection e qui, como Ulysses, cerca per terra e per mar voltar al fumo de su domo, non habe como oblidar lor directos natural, lor origines, lor stato prime, e pressa se in revindicar les in tote occasion. Illas personas, habente comprehension precise e spirito clarividente, non se contente, como le ignorante, de vider lo que es sub lor pedes sin reguardar lo que es per post o avante. illes rememora se del cosas passate pro judicar le presente e planar le futuro. illes es illos qui, habente le capite elevate, affina le plus per le studio e le saper. Illes es illos qui, quando le libertate es integralmente perdite e bannite de iste mundo, imagine le e sente le in lor spirito, e sapora le. E le servitude repugna les, per plus que on le travesti.

Le grande turco (Suleiman) percipeva ben que le libros e le pensamentos da al homines, plus que tote le altere cosas, le sentimento de lor dignitate e le odio per le tyrannia. Io comprende que, in su pais, il non ha multe homines de scientia, ni les demanda. Le zelo e le passion de illos qui remane, malgrado le circumstantias, devotos del libertate, resulta communmente sin effecto, qualcunque sia lor nomine, post que illes non pote facer se comprender. Le tyrannos tira les tote le libertate de facer, de parlar e, per pauc, de pensar, e illes remane isolate in lor sonios. Momo non esseva joculante multo quando ille trovava un falta in le homine forgiate per Vulcano, de que ille non habeva un parve fenestra in su corde, tal que on poteva vider su pensamentos.

On dice que Bruto e Cassio, quando interprendeva liberar Roma (iste es, le mundo tote), non voleva que Cicero, iste grande zelator del ben public, esseva in le disputa, judicante su corde multo fragile pro un tal acto. illes fideva ben in su voluntate, mais non in su corage. Qui vole rememorar le tempores passate e verificar le annales antique se convincera de que quasi tote illos qui, vidente lor pais maltractate e in manos malfaciente, formara le plan pro liberar le, con un intention bon, integre e directe, arrivente facilemente al objectivo: pro manifestar se, le libertate sempre veniva in lor auxilio. Harmodio, Aristogiton, Thrasybulo, Bruto le Vetule, Valerius e Dion, qui concipeva un projecto si virtuose, executava le con felicitate. In tal casos, le interprisa quasi sempre garante le successo.

Bruto le Juvene e Cassio compliva rumper le servitude; illes solmente periva quando tentava recoperir le libertate, non miserabilemente — post qui osarea trovar alique de miserabile in lor vita o in lor morte? - mais pro grande dano, pro perpetue infortuna e pro ruina complete del republica, le qual, al que me sembla, esseva interrate con illes. Le altere tentativas facite depost contra le imperatores roman non esseva plus que le conjurationes de alicun ambitiose personas cuje insuccesso e malfaciente fin non es pro lamentar, viste que illes non desiderava reverter le throno, mais solmente concuter le corona, cercante expeller le tyranno pro melior mantener le tyrannia. Quanto a illes, io esserea ben contristate si illes habeva essite ben succedite, e io es contente que illes habe monstrate per lor exemplo que on non debe abusar del sancto nomine del libertate pro conducer un action ignobile.

Mais pro retornar a mi subjecto, que io quasi habeva perdite de vista, le prime ration per le qual le homines serve voluntarimente es que illes nasce servos e es create como tales. De iste prime ration decurre iste altere: que, sub le tyrannos, le gentes torna se facilemente coarde e pusillanime. Io es grate al grande Hippocrate, patre del medicina, per haber lo remarcate si ben in su libro De Maladias. Iste homine habeva bon corde, e ille le monstrava quando le rege de Perse voleva attraher le per fortia de offertas e grandes presentes; ille respondeva le francamente que pro ille esseva question de conscientia occupar se de curar le barbaros qui voleva matar le grecos, e servir con su arte a illos qui voleva sclavisar su pais. Le littera que ille le scribeva trova se ancora hodie inter su altere operas, e sempre testimoniara super su corage e su nobilitate.

Il es certe que con le libertate on perde tosto le braveria. Le gentes submisse non habe ardor ni pugnacitate in combatto. illes vade pro illac alligate e tote retenite, compliente un obligation. illes non sente ebullir in lor corde le ardor del libertate que despice le periculo e da les impulso pro ganiar, inclusive per un belle morte in medio a lor companiones, le honor e le gloria. Inter le homines libere, al contrari, il ha un invitation, a qui es melior, cata uno per totes e cata uno per si: illes sape que illes recipera un parte equal in le mal del disfacta o in le ben del victoria. Mais les gentes submisse, disprovidite de corage e de vivacitate, habe un corde fragile e laxe e es incapabile de qualcunque grande action. Le tyranno lo sape ben. Tunc illes face tote lo que les es possibile pro melior attender les.

Le historiator Xenophonte, un del plus seriose e del plus estimate inter le grecos, scribeva un parve libro in le qual ille faceva dialogar Simonides con Hieron, tyranno de Syracusa, super le miserias del tyranno. Iste libro es plen de lectiones bon e grave qui habe anque, a mi vider, un gratia infinite. A Deo placeva que tote le tyrannos qui jam existeva esseva ponite ante ille in guisa de speculo. illes haberea certemente recognoscite illac lor verrucas e haberea vergonia de lor maculas. Iste tractato parla del punition suffrite per le tyrannos qui, faciente mal a omnes, es obligate a timer tote le mundo. Il dice, inter altere cosas, que le reges maleficente prende a lor servicio mercenarios estranie proque illes non osa plus dar le armas a lor subjectos, a qui illes habe maltractate. In Francia mesmo, plus ancora ante que hodie, alicun bon reges recipeva a lor soldo battaliones estranie, mais il esseva ante pro salvar lor proprie subjectos; illes non reguardava le expensas pro salvar le homines.

Il esseva anque, io crede, le opinion del grande Scipion le African, qui prefereva haber salvate le vita de un citatano que haber disfacte cento inimicos. Mais le certe es que le tyranno non crede jammais in su poter assecurate si ille non arrivava al puncto de haber como subjectos solmente homines sin valor. On poterea dicer le, con ration, lo que, secundo Terence, Thrason diceva al maestro del elephantes:

"Quam brave tunc tu es,
Que custodia le bestias?"

Iste astutia del tyrannos pro facer imbecille lor subjectos non esseva jammais si evidente que in le conducta de Cyro ante le lydianos, depost que ille prendite lor capital e levava captive Creso, iste ric rege. On le apportava le nova de que le habitantes de Sardes esseva revoltate. Tosto ille les reduceva al obedientia. Mais non volente piliar un si belle citate ni esser obligate a mantener un armea illac pro controlar le, ille pensava in un expediente admirabile pro assecurar le possession. ille establiva illac bordellos, tavernas e jocos public, e publicava un ordinantia qui obligava le citatanos a render se a illes. ille trovava se si ben con iste garnison que, per la sequentia, ille non necessitava plus tirar le spada contra le Lydianos. Illos miserabiles amusava se a inventar tote sortes de jocos, e lo faceva si ben que, de lor nomine, le latinos formava le parola per le qual illes designava lo que nos nomina passatempores, que illes nominava Ludi, per corruption de Lydio.

Ni tote le tyrannos declarava expressemente voler debilitar lor subjectos; mais, de facto, lo que un ordinava formalmente, le majoria inter illes lo faceva in secreto. Tal es le inclination natural del populo ignorante qui, de ordinari, es plus umbrose in le citates: illes diffide de unos qui les ama e confide in illes qui les bluffa. Non crede que il non ha ave que se prende melior con le pipa, ni alicun pisce que, per le delicatessa del verme de terra, morde plus avante le hamo que tote le personas qui se lassa promptemente seducer per le servitude, per le minor dulcor que on les face degustar. Il es cosa meraviliose que illes se lassa levar si promptemente, per pauc que on les agrada. Le theatro, le jocos, le passatempores, le spectaculos, le gladiatores, le bestias extravagante, le medalias, le picturas e altere drogas de iste specie esseva pro le populos antique le escas del servitude, le precio de lor libertate abuccate, le instrumentos del tyrannia. Iste vole dicer que, in iste practic, iste corruptiones esseva illos que le antique tyrannos empleava pro facer dormir lor subjectos sub le jugo. Assi, le personas brute, trovante belle tote ille passatempores, incantate pro un van placer que les meraviliava, habituava se a servir de modo si imbecille, mais plus mal que le parve infantes que solmente apprende a leger con imagines brillante.

Le tyrannos roman augmentava plus ancora illos medios, faciente frequente banchettos, agradante conforme necessari illa canalia qui se lassa levar plus que qualcunque altere cosa al placer del bucca. Assi, le plus veliate inter illes non haberea dispensate su tassa de suppa pro recoperir le libertate del Republica de Platon. Le tyrannos faceva se generose con le quarto de tritico, con le septime de vino, con le sestertio, e esseva habitual tunc audir critos de: "Vive le rege!" Iste brute personas non percipeva que illas esseva solmente recuperante un parte de lor benes, e que iste parte mesme que illas recuperava le tyranno non haberea potite dar les si, priormente, ille non les habeva tirate. Tales prendeva hodie le sestertio, tales se banchettava in le festa public benedicente Tiberio e Neron per lor liberalitate que, le die sequente, constringeva les a abandonar lor benes al aviditate, lor infantes al luxuria, lor proprie sanguine al cruelitate de illos magnific imperatores, non dicente parola, non plus que un petra, e non se emovente plus que un trunco de arbore. Le populos ignorante sempre esseva assi: pro le placer que non pote reciper honestemente, ille es tote apprestate e dissolute; pro le mal e le dolor que ille pote honestemente suffrer, ille es insensibile.

Io non vide necuno hodie qui, audiente parlar de Neron, non treme ante el nomine de iste monstro vil, de iste peste immunde. Il es necessari, totevia, dicer que, depost su morte, si repugnante quanto su vita, le vita de iste esser prepotente, de iste carnifice, de iste bestia salvage, le famose populo roman experimentava tanto disgusto, memorante su jocos e su festas, que il poneva se a puncto de plorar. Al minus iste es lo que ha scripto Tacito, excellente autor, historiator del plus fiduciari. E on non trovara iste estranie si on considera lo que iste mesme populo esseva jam facite quando del morte de Julio Cesar, qui habeva date congedo al leges e al libertate roman. On lauda principalmente, sembla me, in iste personage, su "humanitate"; ora, il esseva plus funeste a su pais que le plus grande cruelitate del plus salvage tyranno qui jam habeva existite, post, in le veritate, ille esseva le dulcor venenose que representava pro le populo roman le biberage del servitude. Depost su morte, illo populo, que habeva ancora in su bucca le gusto de su banchettos e in su spirito le memoria de su prodigios, reuniva se in le sedes del placia public pro facer le un grande foco de ligno in su honor; assi, il elevava le un columna como le Patre del Populo (le capital portava iste inscription); per fin, il faceva plus honores a illo homine morte que lo que deberea esser facite a un homine vive, e, in prime loco, a illos qui le habeva occidite.

Le imperatores roman non se oblidara specialmente de prender le titulo de Tribuno del Populo, proque iste officio esseva considerate como sancte e sacrate; establite pro le defensa e le protection del populo, il usufrueva grande favor del Stato. illes assecurava con iste le medio per le qual le populo confiderea melior in illes, como se esseva sufficiente audir iste nomine, sin haber necessitate de sentir le effectos. Mais illes non esseva multe melior que illos de hodie, qui, ante de committer lor crimines plus grave, face les sempre preceder de alicun discurso belle super le ben public e le relevamento del miserabile. On cognosce le formula que illes si finmente usa; mais on pote parlar de finessa illac ubi existe tante impudentia?

Le reges de Assyria, e depost illes le reges Mede, appareva in public le plus rarmente possibile, pro facer le populo supponer que existeva in illes alicun cosa de suprahuman e lassar soniar illos qui montava le imagination super le cosas que non poteva vider con lor proprie oculos. Assi, tante nationes que esseva longe tempore sub le imperio de iste reges mysteriose accostumava se a servir les, e serviva les con tante plus voluntate que illes ignorava qui esseva lor senior, o mesmo si illes habeva uno; de tal sorte que illes viveva con timor de un esser que necuno jammais habeva vidite.

Le prime reges de Egypto non se monstrava multe sin portar ora un ramo, ora un foco, supra lor capite: illes mascarava se e joculava como prestidigitatores, inspirante, per illas formas estranie, respecto e admiration de lor subjectos, qui, si non esseva si stupide o submisse, haberea de facer burla e rider. Il es vermente lamentabile discoperir tote que le tyrannos de tempores passate faceva pro fundar lor tyrannia, vider le parve medios de que illes serviva se, sempre trovante le population si ben disposite a lor respecto que illes solmente habeva de extender un rete pro prender le; il non esseva nunquam si plus facile illuder le e non le sclavisava nunquam melior que quando ille rideva plus.

Que dicera io de un altere imbecillitate que le populos antique prendeva per moneta currente? illes credeva firmemente que le digito del pede de Pyrrho, rege de Epiro, faceva miraculos e curava le maladias del splen. illes adornava ancora plus iste conto dicente que, quando le cadavere de iste rege esseva incinerate, le digito del pede esseva trovate in le cinere sparniate del foco, intacte. Le populo sempre fabricava mentitas, jungente a illes un fide stupide. Un bon numero de autores reportava ille messages; on vide facilemente que illes le colligeva in le rumores del citates e in le fabulas del ignorantes.

Tales es le meravilias que Vespasiano faceva, retornante de Assyria e passante per Alexandria pro ir a Roma capturar le Imperio: ille rectificava le claude, faceva le cec vider, e mille altere cosas in que on non poteva creder, a mi vider, excepte per personas plus cec que illas que ille curava.

Le proprie tyrannos trovava estranie que le homines permitteva que un altere les maltractava, e il es per iste que illes coperiva se voluntarimente del mantello del religion e attribueva se le incumbentia de facer se auripelle del divinitate pro garantir lor vita perverse. Assi Salmoneo, pro rider se del populo facente passar se per Jupiter, trova se ora in le profunditates del inferno, secundo le sibylla de Virgilio, qui videva le illac:

"Illac, le filios de Aloeo reposa le corpores enorme,
Illos qui, secante le aer con lor capite deformate,
Osa attaccar le domos del divinitates,
E del throno eterne expeller le Rege del celo.
Illac, io videva de iste divinitates le rival sacrilegio,
Que del fulmine usurpa le divin privilegio
Pro robar del populo un criminose incenso
De quatro fer messageros con pedes resonante
Manovrante un carro van in le Elide tremule
Un torcha al mano diffundeva le terror:
Adulator qui del celo pretendeva esser soverano,
Per le ruito de su car e de su ponte de bronzo
Tonitro imitava le ruito inimitabile!
Mais Jupiter lanceava le fulmine ver
E collabeva, coperite per un vortice de foco,
Le carro e le messageros e le fulmines e le Deo:
Su triumpho esseva curte, su dolor es eterne."

Si illo qui voleva simplemente facer se de idiota trova se la si ben tractate, io pensa que illos qui abusava del religion pro facer maleficio se trovara sub un inseniamento ancora melior.

Nostre tyrannos de Francia anque seminava io non sape que del mesme genere: le bufones, le flores de lis, le Sancte Ampulla e le standardo. Tote cosas que, de mi parte e de qui vole que sia, io non vole creder que sia solmente conversation inepte, post nostres ancestral credeva les e in nostre tempore nos non habeva nulle occasion pro suspectar de illes. Post nos habeva alicun reges si bon in le pace e si brave in le guerra que, quamquam illes habe nascite reges, il sembla que le natura non les faceva como le alteres e que le Deo tote-potente les eligeva ante de lor nascimento pro confider les le governamento e le guarda de iste regno. E quando iste non es le caso, io non vole entrar in le lucta pro debatter le veritate de nostre historias, ni les dispacchettar multo liberemente, pro non elevar iste belle thema a ubi nostre poesia francese potera si ben esser confrontate, iste poesia non solmente imbellite, mais, per assi dicer, refacite per nostre Ronsard, Baif e du Bellay: illes tante faceva progreder nostre lingua que, tosto, io osa spectar, nos non habera nihil a invidiar del grecos ni del Latinos, excepte le directo de primogenitura.

Certemente, io facerea grande mal a nostre rima (de bon grado io usa iste parola que me place, proque, mesmo que plures le habe tornate purmente mechanic, io vide, intertanto, multe alteres capabile de innobilir le e de facer de ille lor prime lustro). Io le facerea, io dice, grande mal in tirar le le belle contos del rege Clovis, in le quales se illuminara si placentemente e si facilemente le verve de nostre Ronsard, in su Franciada. Io cape su importantia, io cognosce su fin spirito e io sape le gratia del homine. ille facera su affaires del standardo, assi como le romanos lo faceva de lor ancestral e de iste

"Scutos del celo lanceate pro basso",

del qual Virgilio parla. ille tirara de nostre Sancte Ampulla le mesme bon parte que le Athenian tirava del corbe de Erisicthon. ille parlara de nostre armoriales le mesme que de lor oliva, que illes pretende que existe ancora in le turre de Minerva. Certemente, il esserea temerari voler dismentir nostre libros e assi currer super le terrenos de nostre poetas.

Mais, pro retornar a mi subjecto, del qual io distantiava me, io non sape multo como, mais il non es clar que le tyrannos, pro affirmar se, debatte se pro habituar le populo, non solmente al obedientia e al servitude, mais ancora a lor devotion? Tote iste que io diceva usque ora super le medios empleate per le tyrannos pro sclavisar non es exercite sinon supra le parve populo ignorante.

Io arriva ora a un puncto qui es, secundo mi vision, le energia e le secreto del domination, le sustentation e le fundamento de tote tyrannia. Illo qui pensar que le lanceros, le guardas e le vigilatores garante le tyrannos, essera decipite. illes serve se de istes, io crede, per forma e pro timor, plus que in illes confide. Le archeros barra le entrata al palatio al incapabile qui non habe alicun medio de causar damno, non al audacioses ben armate. On vide facilemente que, inter le imperatores roman, minus numerose es illos qui escappava al periculo gratia al succurso de lor archeros que illos que esseva morte per iste mesme archeros. Il es non le bandas de gentes a cavallo, le companiones de soldatos, ni es le armas qui defende un tyranno, mais sempre (il essera difficile creder al initio, qualcunque sia le exacte veritate) quatro o cinque homines qui le sustenta e qui le submitte tote le pais. Il sempre esseva assi: cinque o sex arrivava al aure del tyranno e approximava se de ille, o ben illes esseva convitate per ille pro esser le complices de su cruelitates, le companiones de su placeres, le maquerellos de su voluptuositates e le beneficiari de su rapinas.

Illos sex traina si ben lor capite que ille torna se un symbolo pro le societate, non solmente de su proprie perversitate mais anque del lore. Illos sex habe sub se altere sex centos, que illes corrumpe tanto quanto illes corrumpeva le tyranno. Illos sex centos habe sub lor dependentia sex mille, que illes eleva in dignitate. ille les da le governamento del provincias o le maneamento del moneta pro les mantener per lor aviditate o per lor cruelitate, de modo a exercitar les in le momento certe e facer les tanto mal que illes non pote mantener se sinon sub su umbra, que illes non pote exemptar de leges e punitiones solmente gratia al protection de illes.

Grande es le serie de illes qui les seque. E qui voler disbuclar le filo videra que, non sex mille, mais cento mille e milliones alliga se al tyranno per iste catena ininterrupte qui les solda e les alliga a ille, como Homero dice de Jupiter qui inorgolia se de, trahente un tal catena, apportar a se tote le deos. De iste venite le accrescimento del poter del Senato sub Julio Cesar, le establimento de nove functiones, le institution de nove officios, non certemente pro reorganisar le justitia, mais pro dar nove sustentationes al tyrannia.

In summa, per le ganios e favores que on recipe del tyrannos, on arriva se al puncto de que illes trova se quasi si numerose - illos al quales le tyrannia profita - que illes al quales le libertate agradarea.

Secundo lo que dice le medicos, ben que nihil pare haber cambiate in nostre corpores, assi que alicun tumor manifesta se in un sol loco, tote le humores conduce se pro iste parte infectate. Del mesme modo, assi que un rege es declarate tyranno, tote le maleficios, tote le scoria del regno, io non dice un amonta de parve sceleratos e villanos qui non pote facer ni mal ni ben in un pais, mais illos qui es possedite de un ambition ardente e de un aviditate notabile, aggruppa se in torno de ille e sustenta le pro haber parte in le butino e pro esser, sub le grande tyranno, alte quantitate de parve tyrannos.

Tales es le grande robatores e le famose corsarios; alicunos guida le pais, alteres perseque le viagiatores; alicunos es in imboscada, alteres in le ronda; alicunos massacra, alteres spolia, e ben que il ha preeminentias inter illes, que alicunos es solmente servientes e alteres capites de banda, al fin non ha qui non profita, sinon del butino principal, al minus de lor restos.

On dice que le piratas de Cilicia reuniva se in un si grande numero que il esseva necessari inviar contra illes le grande Pompeo, e que illes attraheva a lor alliantia plure belle e grande citates in cuje portos, al retornar de lor percursos, illes poneva se in securitate, dante les in cambio un parte del piliages que illes habeva occultate.

Il es de iste modo que le tyranno sclavisa le subjectos ponente unos contra alteres. ille es guardate per illes contra qui ille debe guardar se, si istes vale alicun cosa. Mais on dice ben: pro finder le ligno on face cuneo in le proprie ligno; assi es su archeros, su guardas, su lanceros. Non es que illes sovente suffre de iste; mais istes miserabiles abandonate per Deo e per le homines contente se in supportar le mal e in facer le, non a qui le face a se, mais ben a illes qui, como illes proprie, supporta e non le pote evitar. Quando io pensa in istes gentes qui flatta le tyranno pro exploitar su tyrannia e la servitude del populo, io es quasi sempre si surprendite con lor perversitate como commiserate per lor imbecillitate.

Post, pro dicer le veritate, abordar le tyranno non es altere cosa sinon distantiar se del libertate e, per assi dicer, imbraciar e premer con le duo manos su servitude. Que illes pone al parte per un momento lor ambition, que illes distacca se un pauc de lor aviditate, e depost ocula se unos a alteres; que illes considera se a se mesme: illes videra clarmente que iste villanos, iste paisanos a qui illes fulla e a qui illes tracta como fortiatos o sclaves, illes videra, dice io, que istes, si abusate, es plus felice que illes e, de alicun modo, plus libere. Le laborator e le artisano, per plus sclavisate que illes sia, es liberate de obedientia; mais le tyranno vide istes que es a su ambiente como personas qui negotia e mendica su favores. illes non debe simplemente facer lo que ille ordina, mais anque pensar lo que ille vole que illes pensa e, sovente, pro satisfacer le, blocar lor proprie desiderios. Iste non es le omne del obedientia a ille, car illes deve ancora agradar le; debe rumper se, tormentar se, occider se al tractar de su affaires, e, un vice que illes non disfructa de su placer, que illes sacrifica lor gusto al sue, que illes fortia lor temperamento e spolia se de lor naturalitate. illes debe esser attente a su parolas, a su voce, a su ocular, a su gestos: que lor oculos, lor pedes, lor manos sia continuemente occupate spiante su voluntates e divinante le pensamentos del tyranno.

Iste es viver felice? Es iste al minus viver? Ha in le mundo cosa plus insupportabile que iste stato, io non dice pro tote homine de corde, mais ancora pro iste qui habe solmente le simple bon senso, o mesmo le figura de homine? Qual condition es plus miserabile que iste de viver assi, non habente nihil de se e mantenente a un altere su facilitate, su libertate, su corpore e su vita?

Mais illes vole servir pro accumular benes: como si illes poteva nihil ganiar qui esseva sue, post illes ni pote mesmo dicer que ille benes es pro se proprie. E como si alicuno poteva haber qualcunque cosa de se sub un tyranno, illes vole tornar se possessores de benes, oblidante que istes es que les da le fortia pro delectar a totes, e non lassar nihil que on pote dicer esser de su persona. Intertanto, illes vide que le benes es que torna le homines dependente de su cruelitate; que non ha crimine plus digne de morte, secundo ille, que le avantage de alteres; que ille ama solmente le ricchessa e attacca le riccos; istes veni, nonobstante, presentar se a ille como oves ante le macellero, plen e ben appaciate como pro facer le invidia.

Istes favorite debe memorar se minus de illes qui ganiava multo con le tyrannos que de illos qui, depost biber per alcun tempore, perdeva pauc depost le benes e le vita. illes debe pensar minus in le grande numero de illos qui acquireva ricchessas que in le parve numero de illos que lo conservava.

Lassa nos percurrer tote le historias antique e invocar totes illos de qui nos nos memora; nos videra quam numerose es illo qui arrivava per mal medios usque le aure del princes, sia flattante lor mal inclinationes, sia abusante de lor ingenuitate, finiva per esser fullate per iste mesme princes, qui habeva tante facilitate in elevar les quanto esseva inconstante defender les. In medio al grande numero de illos qui se trovava con le mal reges, il existe pauc, o quasi non existe, qui non habe provate le cruelitate del tyranno, a qui illes priormente habeva incitate contra alteres. Sovente inricchite al umbra de su favor per le butino de alteres, illes per fin inricchi se con lor proprie spolia.

E mesmo le personas de ben — a vices le tyranno les ama —, peri avantiate que illes es in su bon gratia, per brillante que es in illes le virtute e le integritate (que, mesmo al perverse, inspira alicun respecto quando on vide les de presso); iste personas de ben, dice io, non compli mantener se juncte al tyranno; illes debe resentir se anque del mal commun e experimentar le tyrannia a lor expensa. Tal qual un Seneca, un Burro, un Thrasea: iste trinitate de personas de ben del quales le duo prime habeva le infelicitate de approximar se de un tyranno qui les confideva le maneamento de su affaires, ambes multo car a ille, e ben que un de illes le habe create, habente como garantia de su amicitate le zelo que ille habeva date a su infantia, esque istes tres, cuje morte esseva si cruel, non es exemplos sufficiente del pauc confidentia que on debe haber in fronte de un senior perverse? In veritate, que amicitate on pote spectar de alicuno qui habe un corde dur pro odiar tote un regno qui solmente le obedi, e de un esser qui, non sapiente amar, debilita se per destruer su proprie imperio?

Ora, si on vole dicer que Seneca, Burro e Thrasea experimentava illa infortuna per esser personas multo bon, mais si on ocula attentemente in torno del proprie Neron, on videra que tote illos qui esseva de su gratia e qui se manteneva illac per lor arrogantia non habeva un fin melior. Qui jam audiva parlar de un amor si non frenabile, de un affection si obstinate, qui jammais videva un homine si firmemente alligate a un femina como esseva ille a Poppea? Ora, ille invenenava le. Su matre, Agrippina, pro poner le in le throno, habeva occidite su proprie marito Claudio; ille habeva interprendite tote e tote suffreva pro favorir le. E, nonobstante, su filio, su infante, illo a qui illa habeva facite imperator per su proprie mano, tirava su vita depost haber le maltractate sovente. Necuno nega que illa ben mereva iste punition, si il habeva essite infligite per qualcunque altere.

Qui esseva plus facile de tractar, plus simple e, melior dicente, plus imbecille que le imperator Claudio? Qui jam esseva plus caressate per un femina que lo que ille esseva per Messalina? Totevia, ille le liberava al carnifice. Le tyrannos bestial mantene se bestial al puncto de jammais saper facer le ben, mais, io non sape como, in le fin, le pauc que illes habe de spirito evelia in illes pro usar le cruelitate mesmo con lor proximos. On cognosce multo le parola super illo qui, vidente discoperite le gorga de su femina, de iste que ille plus amava, sin le qual il semblava que ille non poteva viver, adressava le iste belle laudation: "Iste belle collo essera secate ora, si io lo ordinar." Ecce proque le major parte del antique tyrannos esseva occidite per lor favorite:

cognoscente le natura del tyrannia, illes esseva pauc secur quanto al voluntate del tyranno e se diffideva de su poter. Il esseva assi que Domitiano esseva morte per Stephano, Commode per un de su feminas amante, Caracalla per le centurion Martial incitate per Macrin, e assi quasi tote le alteres.

Certemente le tyranno jammais ama, e jammais amava. Le amicitate es un nomine sacrate, un cosa sancte. Ille solmente existe inter bon personas. Ille nasce de un estima mutue e mantene se minus per beneficios que per honestitate. Lo que face un amico guardar le altere es le cognoscimento de su integritate. Ille habe per garantitor su bon naturalitate, su fidelitate, su constantia. Il non pote haber amicitate ubi se trova le cruelitate, le disloyalitate, le injustitia. Inter sceleratos, quando illes reuni iste es un complot e non un societate. illes non se ama, mais illes se time. illes non es amic, mais complice.

Mesmo que non esseva assi, il esserea difficile trovar un amor secur in un tyranno, proque, supra tote le mundo e non habente par, ille jam ultrapassava le limites del amicitate. Iste floresce in le equalitate, cuje marcha es sempre equal e non pote jammais rumper se. Ecce proque il ha, como on dice, un specie de bon fide in medio al robatores quando del partition del butino, post illes tote es pares e companiones. Si illes non ama unos a alteres, al minus illes se time. illes non vole debilitar lor fortia con disunion.

Mais le favorites de un tyranno non pote jammais contar con ille proque illes proprie inseniava le que ille pote facer tote, que nulle directo o deber obliga le, que ille es habituate a non haber altere ration sinon su voluntate, que ille non habe equales e que ille es senior de totes. Esque non es deplorabile que, malgrado tante exemplos clarificator, sapiente del periculo si presente, necuno vole tirar lection del miserias de alteres e que tante personas ancora approxima se si voluntarimente del tyrannos? Post non se trova un pro haber le prudentia e le corage de dicer les, como le vulpe del fabula con le leon qui faceva se malade: "Io irea de bon voluntate facer te un visita in tu caverna; mais io vide multe vestigios de pedes de animales qui la entra; quanto a illes qui le lassa, io non vide necuno."

Illos miserabiles vide relucer le thesauro del tyranno; illes admira, tote surprendite, le oculares de su magnificentia; attrahite per iste brillantia, illes approxima se sin apperciper se de que illes lancea se in un flamma que non pote lassar de devorar les. Assi, le satyro imprudente del fabula, vidente brillar le foco portate per Prometheo, trovava le si belle que esseva basiar le, et incinerava se la. Assi anque le papilion que, sperante disfructar de alicun placer, lancea se al foco proque le vide brillante, tosto verifica, como diceva Lucano, que ille habe anque le poter de comburer.

Mais lassa nos supponer ancora que iste gentil personas escappa del manos de illo a qui illes serve. illes non se salva jammais de illos del rege que le succede. Si ille es bon, il face les prestar contos e submitter se al ration; si ille es mal como lor antique senior, ille non pote lassar de haber anque su favorites qui, de ordinario, non se contenta de prender lor loco, tira les anque le plus sovente lor benes e lor vita. Esque il pote exister alicuno qui, face a un tal periculo e con si pauc garantias, vole prender un position si infelice e servir con tante suffrentias a un senior si periculose?

Que tristessa, que martyrio, grande Deo! Esser occupate nocte e die a agradar a un homine, e salveguardar se de ille plus que de qualcunque altere in le mundo. Esser sempre de oculo vigilante, le aure in audition, pro spiar de ubi venira le colpo, pro discoperir le imboscadas, pro verificar le apparentia de su concurrentes, pro divinar le traitor. Surrider a totes e salveguardar se de totes, non haber inimico declarate ni amico assecurate, monstrar sempre un physiognomia surridente quando le corde es congelate; non poter esser felice, ni osar esser triste!

Il es vermente agradabile considerar lo que les es debite de iste grande tormento, e vider le ben que illes pote spectar de lor dolor e de lor vita miserabile: non es al tyranno que le populo accusa del mal que suffre, sed a illos qui le governa.

Le populos, le nationes, totes al insistentia, mesmo le paisanos, mesmo le laboratores, totes cognosce lor nomines, conta lor vitios; illes accumula supra illes mille ultrages, mille insultos, mille porcherias. Tote le laudes, tote le maledictiones es contra illes. Tote le infortunas, tote le pestes, tote le fames les es contate; e si a vices on face semblante de les render tributo, in le mesme tempore on les maledice del fundo del corde e on les mantene plus in horror que le bestias salvage.

Ecce le gloria, ecce le honor que illes recipe de lor servicios prestate al personas qui, si poteva haber un pecia de lor corpore, ancora non se considerarea satisfacte, ni mesmo medio consolate in lor suffrentia. Mesmo depost lor morte, lor supervivente non impedi que le nomine de iste devora-populos non sia maculate con le tinta de mille plumas, e lor reputation destruite in mille libros. Mesmo lor ossos es, per assi dicer, trainate in le fango per le posteritate, como pro les punir ancora depost lor morte per lor vita perverse.

Vamos apprender tunc; vamos apprender a facer le ben. Vamos elevar le oculos pro le celo per nostre honor o per le amor del virtute, melior ancora per illes del Deo tote-potente, testimonio fidel de nostre actos e judice de nostre faltas. Per me, io pensa — e non crede que io es bluffate -, un vice que nihil es plus contrari a un Deo bon e liberal que le tyrannia, que ille reserva expressemente, pro le tyrannos e lor complice, alicun punition particular.

Del Amicitate

Michel de Montaigne

Considerante le conduction del labor de un pictor que io
emplea, iste faceva me voler sequer le. ille eligeva le plus
belle loco in le medio de un pariete, pro albergar un quadro
elaborate con tote le sufficientia; e, vidente tote in le
vicinitate, il plena le de extravagantias, que es picturas
bizarre, habente solmente gratia in le varietate e estranitate.
Esque il non es anque hic, en le veritate, que io tracia
extravagantias e corpores monstruose que sembla diverse
membros, sin certe methodo, sin ordine, sequente un
proportion solmente fortuite?

"Desinit in piscem mulier formosa superne."

Io vade ben a iste secundo puncto con mi pictor, mais io
permane detra del altere e melior parte: proque mi
sufficientia non arriva al puncto de osar interprender un
pictura ric, plural e formate secundo le principios del arte.
Assi, io prendeva consilio de peter prestate un de Etienne de
la Boetie, qui honorara tote le resto de iste labor. Il es un
discurso al qual ille dava le nomine de Le Servitude
Voluntari; mais illos qui ignorava iste titulo le habe ben
propriemente baptisate de Le Contra Un.

ille le habe scribite in modo de essayo, in su prime

juventute, in honor del libertate, contra le tyrannos. Il curre per manos de gentes de bon comprehension, non sin grande e merite recommendation: post il es agradabile, e si complete quanto possibile. Si ille habe cosa a dicer, on pote dicer que il non es le melior que ille pote facer; e si, in le etate in que io le cognosceva, plus avantiate, ille habeva adoptate un projecto como le mie, de poner per scripto su phantasias, nos haberea vidite plure cosas rar e que le approximarea ben del honor del antiquitate: post, notatemente in iste parte del presentes del natura, io non cognosce nulle que sia comparabile a ille.

Mais il restava de ille solmente iste discurso, ancora per incontro, e ille crede que solmente le videva depost que il le escappava, e, alicun memorias super iste edition de Januario (de 1588), famose per nostre guerras civil, que ancora trovara altere locos de iste libro que pote esser lor loco. Iste es tote que io poteva recoperir de su reliquias, del que ille ha lassate, con un si amorose recommendation, le morte inter le dentes, que per su testamento faceva me herede de su bibliotheca e de su papiros, ultra le libretto de su operas que io faceva apportar al lumine. E io es particularmente regratiate a iste pecia, specialmente proque illa serviva de mediation a nostre prime cognoscentia. Post illa esseva me monstrate multo ante que io le videva, e dava me le prime cognoscentia de su nomine, adressante assi iste amicitate que nos nutriva, durante que Deo voleva, inter nos, si integre e si perfecte que certemente on non ha legite cosa similar, de tempores passate, e, inter nos homines, on non ha vidite tracias de iste in usage. Il es necessari facer tante incontros pro formar un tal amicitate, que es multe si le fortuna arriva un vice in tres seculos.

Il non ha nihil pro le qual le natura sembla haber nos adressate tanto que pro le relation de societate. E Aristotles diceva que le bon legislatores es plus preoccupate con le amicitate que con le justitia. Ora, le ultime puncto de su perfection es hic. Post, in general, tote illos cuje voluptuositate o lucro, public o private, necessita forgiar e nutrir, es minus belle e generose, e tunc minus amicabile, jam que misce altere causas, objective e fructo in le amicitate, plus que illa proprie. Ni iste quatro species de relation del antiquos, le quales es natural, social, hospitalari e veneree, particularmente simila se al amicitate, ni mesmo conjunctemente.

Del filios al parentes, le relation es plus de respecto. Le amicitate se nutri de communication que non pote esser trovate inter illes e parentes, per le grande disparitate inter illes, e transformarea in aventura le deberes del natura. Como ni tote le pensamentos secrete del parentes pote esser communicate al filios, pro non generar un inconveniente private, assi le advertentias e le correctiones, que es un del prime officios del amicitate, non se poterea exercer del filios pro le parentes.

Il existe nationes ubi, per costume, le infantes occideva lor parentes, e alteres ubi le parentes occideva lor infantes, pro evitar le embarasso que illes poteva a veces interponer, e naturalmente un dependeva del ruina del altere. Il existe philosophos disdignante iste sutura natural, como testimonia Aristipo: quando esseva premite del affection que ille debeva a su infantes per haber salite de ille, ille poneva se a conspuer, dicente que tote esseva le mesme, que nos ingenera anque multe pus e vermes. E iste altere, que Plutarco voleva inducer a concordar con su fratre: Io non face de iste plus grande stato, ille diceva, sol per haber salite del mesme foramine. Le nomine de fratre es, en le veritate, un nomine belle e plen de dilection, e in iste causa nos ha portate, La Boetie e io, nostre aliantia.

Mais iste mixtura de benes, iste partitiones, in que le ricchessa de un sia le paupertate de altere, iste disvesti meraviliosemente e relaxa le sutura fraternal. Le fratres ha de conducer le progresso de lor avantias in le mesme sentiero e in le mesme convoyo, il es inevitabile que illes se feri e sovente se chocca. Ultra iste, le correspondentia e le relation que ingenera le ver e perfecte amicitates, esque proque illas essera inter fratres? Le patre e le filios pote esser de complexion integralmente opposite, e le fratres anque. ille es mi filio, mi patre, mais es un homine furiose, un vincite o un imbecille. E tunc, a mesura que iste es amicitates que le lege e le obligation natural nos impone, il ha ancora minus optiones e libertate voluntari. E nostre libertate voluntari non habe un production que sia plus propriemente sue que iste del affection e amicitate. Il non es que io non habe cercate iste costo a tote que pote esser, habente habite le melior patre qui esseva possibile, e le plus indulgente, usque su extreme vetustate, e essente de un familia famose de patres e filios, e exemplar in iste parte del concordia fraternal.

"Et ipse
notos in fratres animi paterni.
Neque enim est dea nescia nostri,
quae dulcem curis miscet amaritiem."

Pro comparar le affection del feminas a ille, ancora que sia de nostre option, on non pote equalmente includer le in iste parte, que es le amicitate. Su foco, io confessa, es plus active, plus secante e plus aspere. Mais il es un foco temerari e volatile, agitate e diverse, foco de febre, subjecte a accesso e discontos, e que mantene nos alligate a un creatura. In le amicitate, differentemente, on habe un calor general e universal, temperate de forma dilatori e equal, un calor constante e tranquillisator, tote dulcor e politessa, que nihil habe de aspere ni de pungente. Ultra iste, in le amor, iste non es plus que un desiderio fortiate depost de ille que nos ha escappate:

Como le lepore seque le chassator
In le frigido, calor, montania, litore;
Solmente le estima io pote vider,
E sol detra de lo que fugi celera le pede.

Tosto que ille intra in le terminos del amicitate, i. e., in le convenientia de ambe le voluntates, il langue e dispare. Le gaudio se perde, como habente un fin corporal e subjecte al satietate. Le amicitate, al contrari, es appreciate a mesura que es desiderate, eleva se, nutri, prende crescimento solmente per le gaudio como un esser spiritual, e le anima es raffinate per le usage. A iste amicitate perfecte, le affectiones volatiles trovava su loco in me, pro non parlar de La Boetie, qui anque ha cultivate le amor e confessa multo iste in su versos. Tunc iste duo passiones entrava in me donante me le cognoscimento de un e de altere, mais jammais equalante les: le amicitate mantene su rota de un volo auguste e superbe, e observa disdignosemente le amor passar su bordos multo a basso de ille.

Quanto al maritage, ultra ille esser un mercato que habe libere solmente le entrata (essente su duration restringite e fortiate, dependente, ultra iste, de nostre voler), e un mercato que es ordinarimente facite pro altere fines, ille improvisa mille rocchettas estranie a dispacchettar, sufficientes pro rumper le filo e perturbar le curso de un affection vive; durante que in le amicitate non ha relation con commercio, solmente con ille mesme. Juncte a iste, a dicer le veritate, le sufficientia ordinari del feminas non responde a iste conferentia e communication, nutrite per iste sancte sutura; lor anima non sembla sufficientemente firme pro supportar le pugno de un nodo si pesate e si durabile. E, certemente, sin iste, si il esseva possibile establir un tal cognoscimento, libere e voluntari, ubi non solmente le animas habe iste integre gaudio, mais ancora ubi le corpores habeva parte in le alliantia, ubi le homine esseva integralmente ingagiate, il es certe que le amicitate esserea plus plen e plus complite. Mais iste sexo fragile, per nulle exemplo, ancora non ha arrivate in iste puncto, e, per le consentimento commun del antique eruditos, es rejectate.

E iste altere licentia grec es justemente execrate per nostre moral. Ille, intertanto, pro haber, secundo lor costume, un si necessari disparitate de etates e differentia de officios inter le amantes, non correspondeva sufficientemente al perfecte union e convenientia que hic nos demanda:

"Quis est enim iste amor amicitiae?

Cur neque deformem adolescentem quisquam amat, neque formosum senem?"

Per le pictura mesme, de facto le academia non me dismentira, como io pensa, de dicer tal cosa de su parte, que iste prime furor inspirate per le filio de Venus in le corde del amante supra le objecto del flor de un tenere juventute, al qual illes permitte tote le effortios insolente e passionate que pote producer un ardor immoderate, esseva simplemente fundate in un beltate externe, false imagine del generation corporal. Proque ille non poteva fundar se in le spirito, del qual le monstrator ancora esseva occultate, e que esseva solmente su nascimento, ante del etate de germinar.

Si iste furor apprehende un anima de pauc corage, le medios de su recerca essera ricchessas, presentes, favores, concession de dignitates, e tal alteres basse mercantias, que eruditos reproba. Si ille cadeva in un anima de corage plus generose, le medios esserea anque generose: instructiones philosophic, inseniamentos pro reverer le religion, obedir al leges, morir per le ben de su pais, exemplos de braveria, prudentia, justitia. Le amante habeva de studiar pro tornar se acceptabile per le bon gratia e beltate de su anima, iste de su corpore essente pecia evanescente, e spectante iste association mental establir un mercato plus firme e durabile.

Quando iste recerca entrava in fortia in su station (post lo que illes non demandava del amante, que apportava loyalitate e discretion in su interprisa, illes lo demandava exactemente de su amate: tante plus quante il esseva necessari judicar le como un beltate interne, de difficile cognoscimento e abstruse discoperta), tunc nasceva in le amate le desiderio de un conception spiritual per un beltate anque spiritual. Iste esseva hic le principal: le corporal esseva accidental e secundari, tote al reverso del amante. Per causa de iste illes prefere le amate, e verifica que le deos anque prefere, e admonesta grandemente le poeta Aeschilo per haber, in le amor de Achilles e Patroclo, donate le parte del amante a Achilles, qui esseva in le prime e disbarbate frescor del adolescentia e esseva le plus belle del grecos. Depost iste communitate general, le predominante e plus digne parte de illa exercente lor officios, illes dice que de ille ha resultate fructos multo utile pro le private e pro le public; que esseva le fortia del pais que recipeva le usage e le principal defensa del equitate e del libertate, como le testimonia le salutar amores de Hermodio e Aristogiton. Assi, illes le nominava sacrate e divin, e, in lor conta, solmente le violentia del tyrannos e le stupiditate del personas poterea esser le adversarias. Per fin, tote iste que on pote donar a favor del academia es dicer que il esseva un amor que terminava in amicitate: cosa que non se adjusta mal al definition stoic del amor:

"Amorem conatum esse amicitiae faciendae ex pulchritudinis specie."

Io retorno a mi description de un amicitate plus equitabile e plus equanime.

"Omnino amicitiae, corroboratis jam confirmatisque ingeniis et aetatibus, judicandae sunt."

Alias, iste que nos ordinarimente nomina amicos e amicitates es solmente accrescimentos e familiaritates facite in alicun occasion o commoditate, per medio del quales nostres animas se intertene. In le amicitate de que io parla, illas se mixtura e confunde un con altere in un miscellanea si universal que illas se obnubila e non trova plus le sutura que les jungeva. Si on me pressa a dicer proque io voleva La Boetie, io senti que iste non se pote exprimer, a non esser respondente: per lo que il esseva; per lo que io esseva. Il existe, ultra tote mi discurso, e de iste que io pote dicer particularmente, on non sape que fortia inexplicabile e fatal, mediatrice de iste union.

Nos esseva recercante un al altere ante de haber nos vidite, e, per relationes que nos habeva un con le altere, lo que faceva in nostre affection plus effortio que le ration del affinitate, io crede que per alicun ordine del celo. Nos nos imbraciava per nostre nomines, e in nostre prime incontro, que esseva per casualitate in un grande festa e companion de un citate, nos nos incontrava si proxime, si ligate, si obligate inter nos que nihil desde tunc nos esseva si proxime de lo que nos esseva un del altere. ille scribeva un excellente Satira Latin, que esseva publicate, per le qual ille excusa e explica le precipitation de nostre amicitate, que si promptemente ha arrivate a su perfection.

Habente si pauc pro durar e habente comenciate si tarde nostre relation (post nos esseva homines facite totes le duo, e io con plus alicun annos), ille non habeva tempore a perder, e ni necessitava establir se al patrono del amicitates regular e dulce, pro le quales tante precautiones habe de esser prendite per longe tempore e per previe conversation. Nostre amicitate non habeva altere idea que non ille mesme e non poteva preoccupar se con altere cosas. Ille non obediva a un special consideration, ni duo, ni tres, ni quatro, ni mille: Ille esseva, io non sape qual quintessentia de tote iste mixtura, lo que, habente prendite tote mi voluntate, ha levate le a immerger e a perder se in le sue; que, habente prendite tote su voluntate, ha levate le a immerger e a perder se in le mie, de un fame, de un concurrentia similar. Io diceva perder, e, in le veritate, nos non nos reservava nihil que nos esseva proprie, ni que esseva sue o mie.

Quando Lelio, in presentia del consules roman, le quales, depost del condemnation de Tiberio Graccho, procedeva contra totes illos qui habeva estimate su intelligentia, veniva a inquirer de Caio Blosio (qui esseva le principal de su amicos) quanto ille esserea capabile de facer pro ille, ille haberea respondite: Tote le cosas; - Como tote le cosas? Lelio sequeva. E si tu esseva ordinate a poner foco in nostre templos? - ille non me ordinarea jammais iste, replicava Blosio. - Mais si ille lo habeva facite? accresceva Lelio. - Io haberea obedite, respondeva ille. Si ille esseva si perfectemente amabile con Graccho, como le historias dice, ille non habeva nihil a facer pro alarmar le consules per iste ultime e osate confession; e non poteva distantiar se del garantia que ille habeva del voluntate de Graccho. Intertanto, illes que accusa iste responsa como seditiose non comprende ben su mysterio, e non suppone, como deberea occurrer, que Blosio manteneva le voluntate de Graccho in su manica, per potentia e per cognoscimento. illes esseva plus amicos que citatanos, plus amicos inter se que amicos e inimicos de lor pais, que amicos de ambition e de problemas.

Essente perfectemente compromittite un con le altere, illes teneva ben le frenos del inclination un del altere, e facite pro guidar iste equipamento per le virtute e le conducta del ration. Como anque il es impossibile prender avantage sin ille, le responsa de Blosio es tal como deberea esser. Si lor actiones se dismantellava, illes non esseva amicos, secundo mi mesura de un e de altere, ni amicos de illes proprie. Ultra iste, iste responsa non sona differente de lo esserea le mie, a qui inquireva a me de iste modo: si vostre voluntate vos ordinava a occider vostre filia, esque vos le occiderea? E que io concordava. Post il non ha nulle testimonio de consentimento pro facer iste, proque io non pote dubitar de mi voluntate, e de mesme modo anque de iste de un amico como La Boetie. Il non es in le potentia de totes le discursos del mundo displaciar me del certitude que io habe de mi intentiones e judicios. Nulle de su actiones me haberea essite presentate, qualcunque esseva su visage, que io non trovava incontinente le causa. Nostre animas remaneva si fortemente unite, considerate de un si ardente affection, e de similante affection discoperite usque le profunditate del entranias de un al altere, que, non solmente io le cognosceva su anima como ille le mie, como anque io esseva certemente plus propense a fider in ille que in me.

Que non se me pone in iste categoria le alteres amicitates commun; io habe tanto cognoscimento quanto le altere, e del plus perfecte de lor genere, mais io non consilia que se confunde lor regulas: iste illuderea. Il es necessari camminar supra iste alteres amicitates con le freno in le mano, con prudentia e precaution; le connexion non es facite de modo que non es necessari preoccupar se con iste.

Ama le, Chilon diceva, como si tu habeva alicun die de odiar le; odia le como si alicun die tu habeva de amar le. Iste precepto, que es si abominabile in iste soveran e magistral amicitate, es salubre in le usage del amicitates ordinari e costumari, in cuje loco il es necessari emplear le parola que in Aristotles esseva multo familiar: O mi amicos, il non ha nulle amico. In iste nobile commercio, le officios e le beneficios, nutritores de altere amicitates, non mere esser levate in conto; iste confusion si plen de nostre voluntates es le causa. Post, assi como le amicitate que io apporta non solmente augmenta per le adjuta que io dono al necessitate, sia lo que vole que dice le stoicos, e como io non senti nulle gusto per le servicio que io face, anque al union de tal amicos, essente veritabilemente perfecte, ille les face perder le sentimento de tal deberes, e odiar e evader inter illes le parolas de division e de differentia, beneficentia, obligation, recognoscimento, orationes, gratitude, e tote lor similar.

Tote essente in effecto commun inter amicos, voluntates, pensamentos, judicamentos, benes, feminas, infantes, honor e vita, e lor convenientia essente solmente un anima in duo corpores, secundo le proprie definition de Aristotles, illes non pote facer ni donar nihil. Per iste es que le legislatores, pro honorar le maritage de alicun similantia imaginari con iste divin ligamine, prohibi le donationes inter le marito e le femina, volente inferer par iste que tote debe esser on cata un de illes, e que illes non habe nihil pro divider e repartir inter illes. Si, in le amicitate de que io parla, un pote donar al altere, iste seria del parte de lo que recipe le ben, que obligarea su companion. Post cercante un e altere, plus que qualcunque altere cosa, pro beneficiar se un del altere, qui forni le materia e le occasion es le uno que practica le liberalitate, donante a su amico iste contentamento, de realisar in su loco lo que ille plus desidera.

Quando le philosopho Diogenes habeva necessitate de

pecunia, ille diceva que reclamava le de su amicos, non que ille le demandava. E, pro monstrar como iste se practica de facto, io recitara un antique e singular exemplo. Eudamidas, Corinthie, habeva duo amicos: Charixeno, Sycionie, e Aretheo, Corinthie. Veniente a morir paupere, e habente su duo amicos ric, ille faceva assi su testamento: Io lega a Aretheo nutrir mi matre e intertener le in su vetulessa; a Charixeno, maritar se con mi filia e donar le dote le plus grande possibile; e, in caso de un del duo venir a morir, io le substitue in su parte illo qui superviver. Illos qui prime vide iste testamento facera derision; mais lor heredes, habente essite avisate, acceptava le con singular contentamento. E un de illes, Charixeno, habente morite cinque dies depost, le substitution essente aperte in favor de Aretheo, ille curiosemente nutriva illa matre, e, de cinque talentos que ille habeva como possession, ille donava duo e medie pro le maritage de su filia unic, e duo e medie pro le maritage del filia de Eudamidas, nuptias que ille realisava in le mesme die.

Iste exemplo es ben conclusive, e esserea sequite si non existeva iste condition impeditive, que es le multitude de amicos. Post iste perfecte amicitate, de que io parla, es indivisibile: cata un se dona si integralmente a su amico que non le resta nihil a repartir in altere locos; al contrario, ille es contristate que non sia duple, triple, o quadruple, e que ille non habe plure animas e plure voluntates pro conferer les totes a iste subjecto.

On pote repartir le amicitates commun; in iste on pote amar le beltate, in iste altere le facilitate de su moral, in altere ancora le liberalitate, in iste illac le paternitate, in iste altere le fraternitate, e assi per avante; mais iste amicitate que possede le anima e le rege in tote su soveranitate, il es impossibile que ille sia duple. Si duo amicos in le mesme tempore demanda esser succurrite, esque a qual de illes tu accurrerea? Se illes requesta de te officios contrari, qual ordine tu emplearea illac? Si un de illes committeva pro vostre silentio cosa que esseva utile al altere saper, como tu le disvelarea?

Le amicitate unic e principal rumpe tote le altere obligationes. Le secreto que io ha jurate non revelar a nulle altere, io pote, sin committer falta, communicar le al qui non es altere: a mi amico. Il es un multo grande miraculo duplicar se; e qui parla in triplicar non cognosce le altitude de iste. Nihil es extreme, lo que non habe comparation. E qui suppone que del duo io ama tanto un como altere, e que illes me ama e se ama tanto quanto io les ama, iste multiplica in confraternitate le cosa plus unite, e del quales solmente un es ancora le plus rar de trovar in le mundo. Le resto de iste historia conveni multo ben a iste que io dice, post Eudamidas da gratia e favor a su amicos pro emplear les quando necessitar. ille les lassa heredes de iste su liberalitate, que consiste in poner in lor manos le medios de facer les ben facite. E, sin dubita, le fortia del amicitate se monstra ben plus ric in tal caso que in iste de Aretheo.

In summa, iste es effectos inimaginabile pro qui non les ha probate, e que me face honorar meraviliosemente le responsa de un juvene soldato a Cyro, qui inquireva a ille per quanto ille gustarea de reciper per un cavallo, per medio del qual ille veniva a ganiar le premio de un cursa, e si ille gustarea de cambiar le per un regno: Non, Senior, mais ben le donarea de bon grado pro acquirer un amico, si io trovava alicun homine digne de tal alliantia. ille non diceva mal: si io trovava alicun; post on trova facilemente homines proprie a un superficial proximitate, mais in iste hic, in lo que on negotia le fin fonte de su corage, que non face nihil de resto, certemente il es necessari que tote le fontes sia dismaculate e perfectemente assecurate. In relationes que mantene solmente un objectivo, on necessita solmente provar le imperfectiones que particularmente interessa a iste objectivo. ille non pote preoccupar se super de qual religion sia mi medico o mi advocato. Iste consideration non habe nihil de commun con le officios del amicitate que illes me debe. E, in le relationes domestic que concerne a me illos qui me serve, io face le mesme. E illes me demanda pauc, de un modo que, si ille es caste, io es cercante si ille es diligente. E non time un mulero tanto quanto un imbecille, ni un cocinero jurate tanto quanto un ignorante del officio. Io non me importa de dicer que facer con le mundo, jam que altere asinos es tractante de iste, e io solmente parla de lo que concerne a me.

"Mihi sic usus est; tibi, ut opus est facto, face."

Al familiaritate del tabula io associa lo que es agradabile, non lo que es prudente: In le lecto, le beltate ante le bonitate; in le societate del discurso, le sufficientia, mesmo sin le prudentia. Equalmente, in altere locos. Tote, del mesme modo como lo que esseva trovate cavalcante supra un baston, jocante con su infantes, implorava al homine qui le surprendeva illac de nihil dicer, usque que ille anque esseva patre, estimante que le passion que le nascerea tunc in le anima le facerea judicar equitabile un tal action. Io anque gustarea de parlar a iste gentes qui experimentava lo que io diceva. Mais, cognoscente quanto il es cosa rar distantiar se del commun usage de un tal amicitate, e quanto ille es rar, io non specta trovar alicun bon judice. Post le discurso mesme que le antiquitate nos ha lassate super iste subjecto me sembla coarde quando prendite del sentimento de que io habe alicun. E, in iste puncto, le effectos superpassa le preceptos mesme del philosophia:

"Nil ego contulerim jucundo sanus amico."

Le vetule Menandro diceva que considerava felice qui poteva trovar le humero de un amico. ille certemente habeva ration in dicer le, post ille le habeva probate. In le veritate, si io compara tote le resto de mi vita, io pote dicer que, con le gratia de Deo, io le ha passate dulce, facile e, salvo per le perdita de un tal amico, libere de afflictiones venenose, plen de tranquillitate de spirito, habente facite le pagamento de mi commoditates natural e original sin cercar alteres; si io le compara, io dice, tote le quatro annos que me esseva date pro disfructar del dulce companion e sociabilitate de iste personage, le resto es solmente fumo, iste es solmente un nocte obscur e enoiate.

"Quem semper acerbum,
semper honoratum (sic, Di, voluistis!) habebo."

Ab le die que io le ha perdite, io es solmente ambulante languidemente; e le placeres mesme que on offre a me, in loco de consolar me, reduplica me le dolor de su perdita. Nos esseva le medietate de tote; il me sembla que io es robante su parte.

"Nec fas esse ulla me voluptate hic frui

decrevi, tantisper dum ille abest meus particeps."

Io esseva jam si habituate a esser le secundo in tote que
il me sembla esser solmente a medie anno de distantia.
"Illam meae si partem animae tulit
maturior vis, quid moror altera?
Nec carus aeque nec superstes integer.
Ille dies utramque duxit ruinam..."

Il non existe action o imagination ubi io non trova pro
dicer, como si ille esseva ben facite pro me. Post, assi como
ille me ha superpassate in un distantia infinite in tote le
altere sufficientias e virtutes, anque ha complite le deber del
amicitate.
"Quis desiderio sit pudor aut modus
Tam chari capitis?
O misero frater adempte mihi!
Omnia tecum una perierunt gaudia nostra,
Quae tuus in vita dulcis alebat amor.
Tu mea, tu moriens fregisti commoda, frater;
Tecum una tota est nostra sepulta anima,
Cujus ego interitu tota de mente fugavi
Haec studia atque omnes delicias animi.
Alloquar? audiero nunquam tua verba loquentem?
Nunquam ego te, vita frater amabilior,
Aspiciam posthac? At certè semper amabo."

Mais vamos parlar un pauc de iste garson de dece-sex
annos. Proque io trovava que iste libro esseva depost ponite
al lumine, e con mal objectivo, per illos qui cercante
perturbar e cambiar le stato de nostre politica, sin se

importar super si illes se emendara, que illes misceva a altere scriptos de lor farina, io decideva non albergar le hic. E, pro que le memoria del autor non sia interessate in substituer illos qui cognosce pauc de su opiniones e actiones, io avisa les que iste subjecto esseva tractate per ille in su infantia, in modo de exercitation solmente, como subjecto vulgar e jam tractate in mille locos de libros. Io no habe nulle dubita de que ille credeva in iste que ille scribeva, post ille esseva sufficientemente consciente pro non mentir ni mesmo quando joculava. E io sape ultra iste que, se ille habeva de optar, ille haberea eligite nascer in Venetia plus que in Sarlac: e con ration. Mais ille habeva altere maxima magnanimemente imprimite in su anima: obedir e submitter se multo religiosemente al leges sub le quales ille esseva nascite.

Il non existeva jammais un citatano melior, ni plus affectionate al reposo de su pais, ni plus inimic del movimentos e novas de su tempore. ille empleava su sufficientia pro exteriorisar plus que pro fornir les medios de mover les avante. ille habeva su spirito taliate plus al patrono de altere seculos que al de iste. Intertanto, in cambio de iste serie opera, io le substituera per un altere, producite in iste mesme epocha de su vita, plus galante e plus jubilante. Pro fortuna sue, in medio a alicun altere papiros, io veniva de reciper de qui io es multe grate, e gustarea que alteres qui deteneva plure pecias de su scriptos, del mesme modo, faceva le mesme.

Scripto includite in Essayos (1580), como capitulo 28. Texto establite per P. Villey e V. L. Saulnier, P. U. F., 1965 (1, p. 69-74).

60

@cacildo